0

cero

zero

10

diez

ten

20

veinte

twenty

30

treinta

thirty

40

cuarenta

forty

50

cincuenta

fifty

60

sesenta

sixty

70

setenta

seventy

80

ochenta

eigthy

90

noventa

ninety

100

cien

one hundred

1000

mil

one thousand

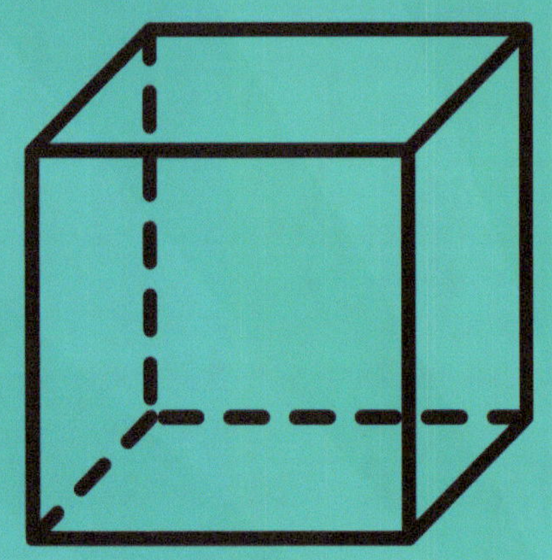

cubo

cube

bloque de juguete

block

cubo de hielo

ice cube

caramelo

caramel

azúcar

sugar

dados

dice

caja de regalo

gift box

caja de cartón

cardboard box

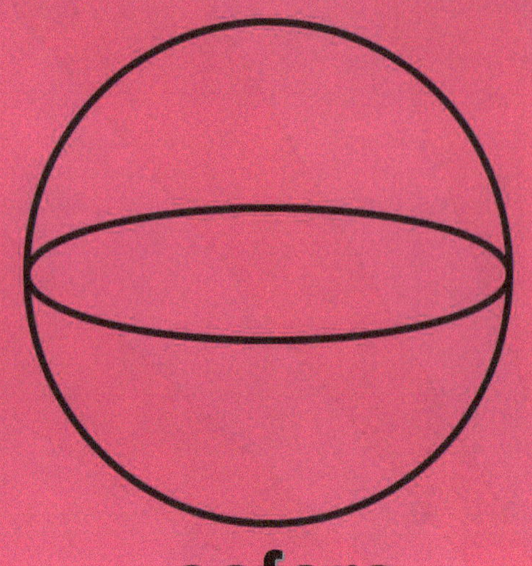

esfera

sphere

cuchara para helado

ice cream scoop

perla

pearl

burbuja

bubble

canicas

marbles

planeta

planet

bola de nieve

snowball

pelota de tenis

tennis ball

cilindro

cylinder

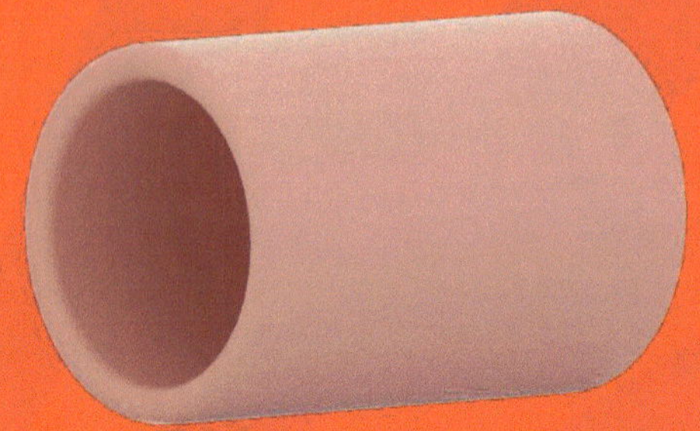

tubo

tube

baterías

batteries

carrete de hilo

thread spool

canela

cinnamon

rodillo

rolling pin

salchicha

sausage

paca de heno

hay bale

cono

cone

cono de tráfico

road cone

cono de helado

ice cream cone

sombrero de bruja

witch hat

mazmorra

dungeon

abeto

fir tree

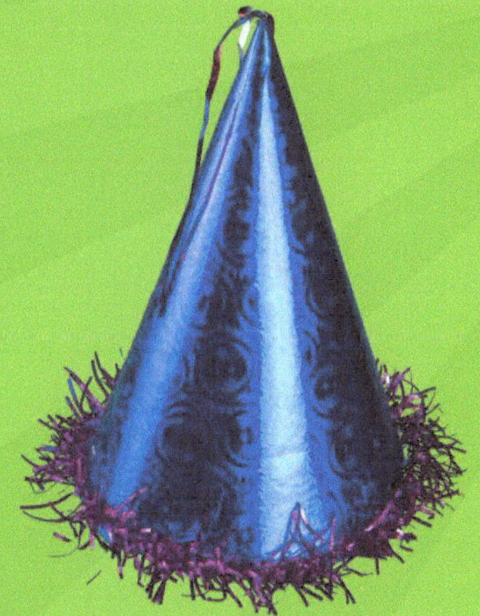

sombrero de fiesta

party hat

caracol

snail

mora

blackberry

grosella

currant

clementina

clementine

durián

durian

fruta del dragón

dragon fruit

yaca

jackfruit

carambola

star fruit

espárragos

asparagus

rábano

radish

frijol rojo

🇺🇸 red bean
🇬🇧 kidney bean

nabo

turnip

mandioca

cassava

ñame

sweet potato

garbanzos

chickpeas

águila

eagle

murciélago

bat

castor

beaver

flamenco

flamingo

cuervo

raven

mirlo

blackbird

herrerillo azul

blue tit

urraca

magpie

golondrina

swallow bird

alondra

lark

periquito

parakeet

pájaro carpintero

woodpecker

pavo real

peacock

loro

parrot

tucán

toucan

cigüeña

stork

coral marino

coral

anémona de mar

sea anemone

erizo de mar

sea urchin

caballito de mar

seahorse

pez payaso

clownfish

pez dorado

goldfish

cangrejo

crab

cangrejo ermitaño

hermit crab

delfín

dolphin

narval

narwhal

pulpo

octopus

calamar

squid

tiburón ballena

whale shark

orca

orca

ballena azul

blue whale

ballena beluga

beluga whale

tiburón martillo

hammerhead shark

tiburón blanco

white shark

tiburón limón

lemon shark

tiburón tigre

tiger shark

saltamontes

grasshopper

oruga

caterpillar

escorpión

scorpion

lagarto

lizard

dinosaurios

dinosaurs

pelo negro

black hair

pelirrojo

ginger hair

pelo castaño

brown hair

pelo rubio

🇺🇸 blond hair
🇬🇧 blonde hair

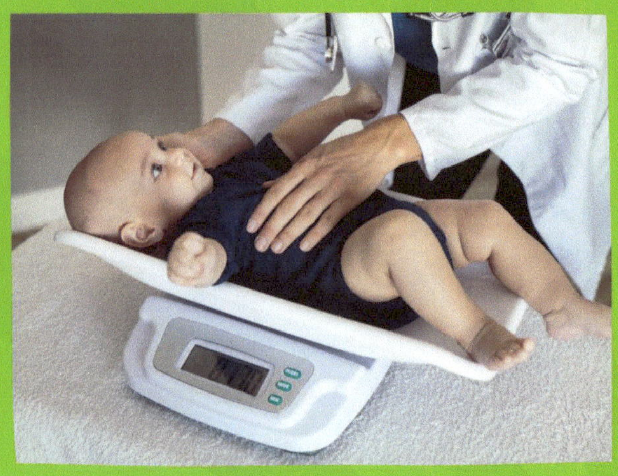

báscula

scale

hospital

hospital

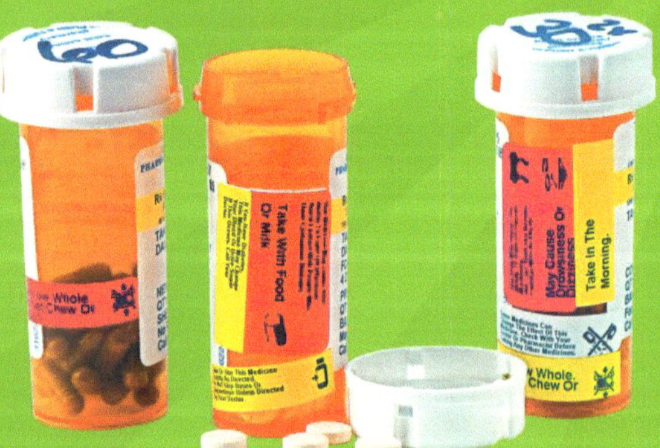

medicina

medicine

termómetro

thermometer

vendaje

bandage

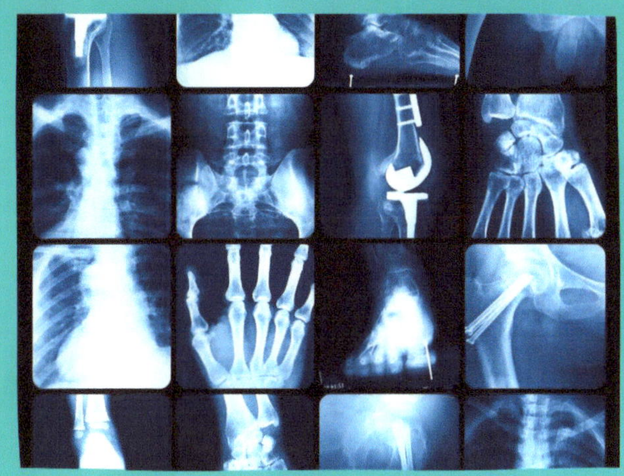

radiografía

x-ray

doctor

doctor

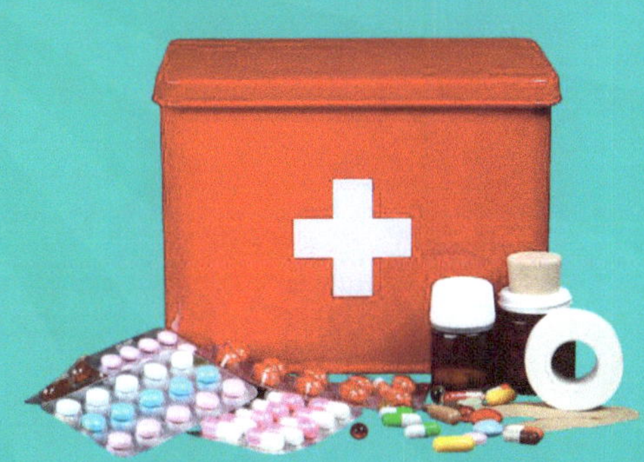

kit de primeros auxilios

first aid kit

jugar

play

dibujar

draw

contar

count

escribir

write

baile

dancing

natación

swimming

esquí

skiing

baloncesto

basketball

tenis

tennis

ping pong

ping pong

fútbol

🇺🇸 soccer
🇬🇧 football

equitación

horse riding

hockey sobre hielo

ice hockey

judo

judo

boxeo

boxing

carrera

running

béisbol

baseball

grillo

cricket

rugby

rugby

voleibol

volleyball

maracas

maracas

pandereta

tambourine

xilófono

xylophone

violín

violin

piano

piano

guitarra

guitar

violonchelo

cello

arpa

harp

tambor

drum

djembé

djembe

batería

drum kit

trompeta

trumpet

trompa

horn

saxofón

saxophone

flauta

flute

auriculares

headphone

cantar

sing

partitura

sheet music

micrófono

microphone